Inhalt

Digital Rights Management

Kernthesen

Beitrag

Fallbeispiele

Weiterführende Literatur

Impressum

Digital Rights Management

M. Westphal

Kernthesen

- Digitale Produkte sind Dateien, die ohne Qualitätsverlust kopiert werden können. Viele Content-Anbieter denken daher ernsthaft über die Einführung von entsprechenden Schutzmechanismen nach.
- Viele Industriezweige denken über die Einführung von Digital Rights Management nach.
- Die einzelnen Software-Anbieter verfolgen recht unterschiedliche Strategien auf dem Weg der Entwicklung eines digitalen Schutzmechanismus.
- Es entwickelt sich aber auch schon koordinierter Widerstand gegen die

Einführung von Digital Rights Management.

Beitrag

Digitale Produkte sind Dateien, die ohne Qualitätsverlust kopiert werden können. Viele Content-Anbieter denken daher ernsthaft über die Einführung von entsprechenden Schutzmechanismen nach

Die Digitalisierung unserer Welt lässt die traditionellen Branchengrenzen zwischen Herstellern von Software, Computern und Unterhaltungselektronik verschwimmen. Das führt zum einen dazu, dass völlig neue Wettbewerber auftauchen. Zum anderen ermöglicht die Digitalisierung von jeglichen Inhalten eine neue Dimension des Austausches dieser Inhalte ohne jegliche Qualitätsverluste.
Im Zeitalter der Digitalisierung ist die Kopie immer so gut wie das Original.

Insbesondere im Entertainment-Bereich sind derzeit die Folgen sichtbar. Die Einführung der CD als Speichermedium für Musik hat sich im Nachhinein als ein Dolchstoß für die Musikindustrie erwiesen. Die Bereitstellung eines "Quasi-Masters", der sich dann nach Einführung der CD-Brenner auch noch ohne Qualitätsverluste kopieren ließ, ist die wesentliche Ursache für die Probleme der Musikindustrie.

Aber auch an der Filmindustrie ist die Digitalisierung nicht spurlos vorüber gegangen.

Der Schauspieler Carmine Caridi erreichte weniger durch seine schauspielerischen Leistungen Berühmtheit, sondern als Mitglied der US-Filmakademie, die alljährlich die Oskars vergibt. Aus dieser Filmakademie wurde er nämlich gefeuert, nachdem bekannt wurde, dass er Kopien nominierter Filme einem angeblichen Filmfreak gegeben hat. Dieser hat diese Filme sofort auf DVD gebrannt und dann im Internet verkauft. Allerdings waren Caridis Kopien digital gekennzeichnet, was dazu führte, dass er der eigentliche Übeltäter war. (1)

Mit dem Begriff "Digital Rights Management" (DRM) werden elektronische Vertriebssysteme für digitale Inhalte zusammengefasst. Sie ermöglichen die sichere Verbreitung und Verwertung digitaler Inhalte sowie eine effiziente Rechteverwaltung. Je nach Ausprägung bieten diese Systeme eine Fülle verschiedener

Schutzmechanismen wie etwa Verschlüsselung, Kopierschutzverfahren oder digitale Wasserzeichen. Sinn ist es, unberechtigten Nutzern den Zugang zu verwehren oder zumindest zu erschweren.
Digital Rights Management ist eine Urheberschutzsoftware, die die Datei genau identifiziert. Es werden die Anzahl der Kopiervorgänge dokumentiert und der Nutzer muss sich eine zwischen zehn und 20 MB große Abspielsoftware herunterladen, da häufig nur über diese die im Portal gekauften Lieder abgespielt werden können. (2)

Mit der Einführung von DRM-Systemen sollen die in der Vergangenheit gemachten Strategiefehler, wie die Einführung der CD, behoben werden. Bei der Etablierung der neuen Distributionsplattform Internet soll die Wiederholung dieses Fehlers vermieden werden. (3)
Das Problem der Distributionsmodelle im Internet ist, dass viele Beteiligte ihre Hände aufhalten. So verdienen nicht nur Künstler, Labels und Verwertungsgesellschaften; auch das Bezahlsystem, die Datenübertragung und der Shop selbst müssen vergütet werden.

Der Medienmarkt erlebt durch die Einführung der digitalen Rechteverwaltung einen gravierenden Umbruch. Mit der DRM-Technologie können Kunden zu einem völlig neuen Umgang mit den Medienprodukten gezwungen werden. Alle diese Produkte, seien es Filme, Musikstücke, oder Klingeltöne sind im digitalen Zeitalter nur noch Dateien, die sich per Softwareverschlüsselung schützen lassen. Dadurch bekommen Computerunternehmen, Plattenfirmen, Verlage, Filmverleiher, Mobilfunkfirmen und auch TV-Sender ein Werkzeug an die Hand, mit dem sie die Nutzung ihrer Produkte bis ins Detail kontrollieren können, um so das in den vergangenen Jahren reichlich verlorene Geld wieder hereinzuholen. (1)

Allerdings wird durch das DRM auch der herkömmliche Konsum-Dreiklang aus Bestellen, Bezahlen und Besitzen aufgelöst. Mittels DRM lassen sich die Nutzungsrechte digitaler Produkte sehr fein abstufen und auch jedesmal neu berechnen. (1)

Viele Industriezweige denken über die Einführung von Digital Rights Management nach

Musik ist als Medium an sich promiskuitiv. Sie verbreitet sich durch wechselseitiges Vorspielen, Ausleihen und Verschenken. Das widerspricht allerdings der Einführung eines DRM-Systems, denn dieses verwaltet nicht nur die Rechte der Anwender, sondern schränkt sie ein. DRM-versiegelte Musik kann nicht verliehen oder verschenkt werden, so hakt es eben auch mit der Verbreitung der Musik. (4)

Die Musik- und Filmbranche leidet kräftig unter der Verteilung ihrer Waren über Peer-To-Peer-(P2P) Netzwerke. Dahingegen hat der Literaturbetrieb bisher noch Ruhe, denn das Einscannen und damit Digitalisieren eines Buches ist eine mühsame Angelegenheit. Allerdings ändert sich diese Situation aufgrund der Einführung preiswerter Scanner, schneller Rechner und leistungsfähiger Textverarbeitungssoftware. So ist die Buchpiraterie sicher noch lange nicht so populär wie die Musik- oder Filmpiraterie, aber sie ist inzwischen populär genug, den Verlegern Sorgen zu bereiten. (5)
So haben sich z. B. Hörbücher bereits als sehr beliebte Tauschobjekte etabliert. Die Hörbuchverlage interessieren sich in diesem Zusammenhang für DRM-Systeme wie digitale Audiowasserzeichen (entwickelt vom Fraunhofer Institut für Integrierte Publikations- und Informationssysteme). Dieses digitale Wasserzeichen soll Kundeninformationenm mit der Kopie des geschützten Werkes verbinden. So kann eine digitale Kopie, die im Internet auftaucht, ihrem Käufer zugeordnet und damit auch zurückverfolgt werden. (5)

Die Musikindustrie hat nicht nur Probleme mit Brennern und dem Internet, sondern ihr graut auch vor Web-Streams und Digitalradio. (6)

Aber nicht nur der Entertainment-Bereich wird sich des Schutzmechanismus DRM bedienen. Es ist zu erwarten, dass (zumindest wertmäßig) gerade der Finanzbereich, Hightech-Betriebe sowie Regierungsstellen bei der Anwendung von DRM vorangehen werden. Zielapplikationen liegen in der sicheren und kontrollierten Dokumenten-Übertragung sowie der Sicherstellung der Integrität der Dokumente.

Die einzelnen Software-Anbieter verfolgen recht unterschiedliche Strategien auf dem Weg der Entwicklung eines digitalen Schutzmechanismus

Die Strategien der verschiedenen Anbieter von DRM-Systemen sind recht unterschiedlich. So hat selbstverständlich auch Microsoft einen eigenen Kopierschutz entwickelt, von dem erstmals ein Teil des Quellcodes herausgegeben wird, um die

Verbreitung des Kopierschutzes auf möglichst vielen Geräten zu unterstützen. Dieses ist von Seiten Microsofts sicher keine rein altruistische Maßnahme, sondern entspringt der Erkenntnis, dass mit der Einführung des digitalen Rechtemanagements die Karten im Markt der elektronischen Medien neu gemischt werden. (1)

Inzwischen gibt es vielfältige Technologien zum Schutz der digitalen Rechte, so macht beispielsweise Microsofts Schutz die Dateien nach einer festgelegten Zeitspanne unbrauchbar. So wird die zeitlich begrenzte Leihe von digitalen Inhalten ermöglicht.

Aber natürlich wollen Unternehmen aus anderen Branchen diesen Markt nicht kampflos Microsoft überlassen. Die von über 370 Mobilfunkunternehmen wie Nokia, Sony Ericsson, T-Mobile oder Vodafone gegründete Open Mobile Alliance (OMA) entwickelt ein eigenes Format, mit dem Kunden künftig Videos und Musikstücke direkt aufs Handy laden können. Nachdem Microsoft zunächst zu den Treffen der OMA einen einzigen Späher geschickt hatte, tauchen inzwischen drei Top-Experten auf, was die Bedeutung, die Microsoft derartigen Initiativen beimisst, aufzeigt. (1)

Es wird auch schon recht erfolgreich an Meta-Distributionssystemen gearbeitet, die auch noch später angefertigte Kopien oder versendete Dateien an andere mit Gebühren belegt. Hierbei ist ggf. auch mit differenzierten Gebühren zu arbeiten.

Häufig ist es den Nutzern von DRM-Systemen nicht einmal erlaubt, Sicherungs-Kopien anzufertigen. Geht die Festplatte kaputt bleibt dem Nutzer häufig nur die Möglichkeit, die Datei nocheinmal kostenpflichtig herunterzuladen. (2)
Die Musikstücke, die Kunden vom iTunes-Store von Apple herunterladen, dürfen sie auf beliebig viele CDs brennen. Allerdings sorgt ein eingebauter Code dafür, dass die Stücke auf maximal fünf Computern funktionieren. (1)
Aber es gibt auch schon erste Tools, die z. B. den Apple-Kopierschutz umgehen und es so ermöglichen, eine gesäuberte Kopie auf die Festplatten zu überspielen.
MP3-Player sind für das Anhören der Musik aus legalen Portalen nicht zu verwenden. Diese nutzen mit WMA ein Daten-Format, welches die MP3-Player nicht lesen können. Auch das von Apple im iTunes-Store genutzte Datenformat AAC kann von MP3-Playern nicht verarbeitet werden. So gibt es derzeit nur eine sehr begrenzte Anzahl von Abspielgeräten und die Datenformate sind nicht standardisiert. Auch Sony wird demnächst auf seinem Musikportal mit einem proprietären Format arbeiten, welches nur von seinen MD-Playern gelesen werden kann. (2)

Ein wesentlicher Stolperstein für die erfolgreiche Implementierung von DRM stellt also das Nicht-Vorhandensein eines einheitlichen Standards dar. Ein gemeinsamer Standard könnte den Zugang zu Musik, Filmen und Büchern regulieren, um so die Kunden dazu zu zwingen, die Vorschriften des Urheberrechts zu beachten. (1)
Die Etablierung eines einheitlichen Standards eröffnet nahezu unbegrenzte Möglichkeiten des digitalen Vertriebs via Internet und kann z. B. an einem Computerchip verdienen, der ein Gerät verschlüsselungstauglich macht. (1)
Denn, damit das Herunterladen von Filmen und Musik quer über alle Portale und Gerätegattungen hinweg möglich ist, muss die Anbieterseite sich zunächst auf einen Formatstandard einigen. (1)
Die Hersteller von Endgeräten fordern ein schnelles Einführen eines allgemeinen Standards, um so zu verhindern, dass die Konsumenten das Interesse an der Digitaltechnik verlieren. Ebenso muss die Bindung von Musikportalen an bestimmte Abspielgeräte verschwinden. Denn auch der sicherste Kopierschutz bringt nichts, wenn ihn keiner nutzt. (1)

Es entwickelt sich aber auch schon

koordinierter Widerstand gegen die Einführung von Digital Rights Management

Inzwischen ruft der Trend zur Vermarktung auch kleinster Nutzungsmöglichkeiten die Verbraucherschützer auf den Plan. Dieses entspringt der Annahme, dass die protokollierte Nutzung zur Totalüberwachung der Konsumenten und damit der künstlichen Verknappung von Kulturgütern führen wird. (1)

Gegner des Digital Rights Management haben in Berlin auf der Konferenz "Wizards of OS 3" für ein alternatives Kompensationsmodell gestimmt. Sie möchten eine "Musik-Flatrate" einführen. Diese freiwilligen Abozahlungen von Nutzern würden Verwertungsgesellschaften finanzieren, die die Transfers geschützter Werke im Internet messen und den Rechteinhabern eine Vergütung zahlen, die der tatsächlichen Nutzung ihrer Werke entspricht. (7)

Fallbeispiele

Hewlett Packard (HP) wird in Kürze Plasmafernseher anbieten, die mit einer sogenannten "Broadcast Flag" ausgestattet sind. Damit werden im aufkommenden Zeitalter digitalen Fernsehens auch die Möglichkeiten eingeschränkt, die in hoher Qualität übertragenen Sendungen, einfach zu speichern und weiterzuverbreiten. Sämtliche Consumer-Geräte von HP werden einen Kopierschutz erhalten, da HP sich dem Schutz digitaler Rechte verpflichtet fühlt. So lässt sich dann ein Film nur mit der nötigen Lizenz abspielen. (1)

Auf der renommierten IT-Sicherheits-Mailingliste "Bugtraq" wird berichtet, dass die neueste CD der Beastie Boys bei ihrem Einlegen in einen Computer ein Programm zum digitalen Rechteschutz installiert. Die Datei mit dem Namen "beastie.exe" wird vollautomatisch installiert, sobald unter Windows die "Autostart"-Funktion aktiviert wird. Solche sich selbst installierenden Programme sind spätestens seit den verheerenden Folgen der letzten Internet-Würmer nicht mehr sehr beliebt, da die Anwender wissen wollen, was konkret auf ihrem Rechner abläuft. Die Band selbst habe nicht gewollt, dass ein solcher Kopierschutz, der das Erstellen von MP3-Dateien verhindern soll, installiert wird. Das Plattenlabel EMI verfolgt damit aber konsequent seine aktuelle Politik des Rechteschutzes. Interessant ist allerdings, dass diese CD in den USA und auch

Großbritannien nicht kopiergeschützt ist, da in diesen Ländern Kopierschutzmaßnahmen deutlich weniger geduldet werden als in Deutschland. (9)

Im Gegensatz zum DRM der Medienindustrie hat sich die Creative-Commons-Lizenz als Alternative für Künstler etabliert, die Werke in Abstufungen mit Freiheiten markieren zu können. Eine kommerzielle Nutzung lässt sich ausschließen. Inzwischen bieten bereits drei Millionen Websites Inhalte mit diesen offenen Nutzungsrechten an. Allerdings ist es Mitgliedern der GEMA nicht möglich, ihre Werke unter dieses Modell zu stellen, da die GEMA sich die Gesamtverwertungsansprüche ihrer Künstler vorbehält. (10)

Auch der Münchner Zeitschriftenverlag VNU schließt sich dem Trend zu E-Paper-Ausgaben an. Dabei setzt VNU auf das Zinio-Format, welches in den USA schon etabliert ist. Es bietet ein bessere Leserfreundlichkeit als das PDF-Format, außerdem kann über DRM die massenhafte Verbreitung via File-Sharing ausgeschlossen werden, ohne die Nutzungsfreiheit des Abonnenten einzuschränken. (11)

In den USA gibt es laut Aussagen der Rundfunkaufsicht Federal Communications Commission (FCC) bereits um die 300

Radiostationen, die ihre Inhalte in Beinahe-CD-Qualität über das Internet streamen. Durch Breitbandverbindungen und Flatrates wird es attraktiv, sich auch das Radioprogramm aus dem Internet zu holen. Die Musik-Lobbyorganisation RIAA möchte den Radiostationen die Einführung eines Kopierschutzes schmackhaft machen, da dadurch auch das Alleinstellungsmerkmal des Rundfunks gestärkt werde. Denn, wenn ein Nutzer erstmal einen Song aus dem Web-Radio heruntergeladen habe, gäbe es für ihn einen Grund weniger, Radio zu hören. Grund für diesen Ansatz ist, dass Web-Streams rechtlich nicht wie Downloads, sondern wie Rundfunk behandelt werden. (6)

Weiterführende Literatur

(1) Der neue Markt für Musik
aus Manager Magazin, 19.05.2004, Nr. 6, Seite 144

(2) Grote, Andreas, Hits aus dem Netz, Bei der Wahl des Anbieters ist nicht alleine der Preis entscheidend / immer mehr Anbieter machen sich im Internet Konkurrenz, Süddeutsche Zeitung, 07.07.2004, Ausgabe Deutschland, S. 18
aus Manager Magazin, 19.05.2004, Nr. 6, Seite 144

(3) Der richtige Preis für den legalen Musik-Download

aus c't - Magazin für Computertechnik, 12/2004, S. 96

(4) Ständige Rubriken Editorial
aus c't - Magazin für Computertechnik, 12/2004, S. 3

(5) O. V., eBooks boomen illegal, Spiegel Online, 15.07.2004
aus c't - Magazin für Computertechnik, 12/2004, S. 3

(6) Patalong, Frank, RIAA will Kopierschutz, Spiegel Online, 14.06.2004
aus c't - Magazin für Computertechnik, 12/2004, S. 3

(7) Vergütung statt Kontrolle Plädoyer für eine Musik-Flatrate
aus Frankfurter Rundschau v. 15.06.2004, S.13, Ausgabe: S Stadt

(8) Weber, Daniel, CD ADE, Warum die CD ein Auslaufmodell ist, NZZ Folio, Ausgabe 06 vom 07.06.2004
aus Frankfurter Rundschau v. 15.06.2004, S.13, Ausgabe: S Stadt

(9) Ärger um Kopierschutz auf «Beastie Boys»-CD
aus netzeitung.de vom 21.06.2004

(10) Die Wizards of OS 3 und die freie Netzgesellschaft
aus c't - Magazin für Computertechnik, 14/2004, S. 30

(11) VNU bringt 'PC Professionell' und 'Internet

Professionell' als E-Paper
aus W&V Online-Magazin vom 08.06.2004

Impressum

Digital Rights Management

Bibliografische Information der deutschen Nationalbibliothek

Die Deutsche Nationalbibliothek verzeichnet diese Publikation in der deutschen Nationalbibliografie; detaillierte bibliografische Daten sind im Internet über http://dnb.d-nb.de abrufbar.

ISBN: 978-3-7379-0295-3

© 2015 GBI-Genios Deutsche Wirtschaftsdatenbank GmbH, Freischützstraße 96, 81927 München, www.genios.de

Alle Rechte vorbehalten. Dieses Werk ist einschließlich aller seiner Teile – z.B. Texte, Tabellen und Grafiken - urheberrechtlich geschützt. Jede Verwertung außerhalb der Grenzen des Urheberrechtsgesetzes bedarf der vorherigen Zustimmung des Verlags. Dies gilt insbesondere auch für auszugsweise Nachdrucke, fotomechanische Vervielfältigungen (Fotokopie/Mikroskopie), Übersetzungen, Auswertungen durch Datenbanken oder ähnliche Einrichtungen und die Einspeicherung und Verarbeitung in elektronischen Systemen.